1日分350gの
野菜で
免疫力アップ

毎日食べたい
ベジおかず

エダジュン

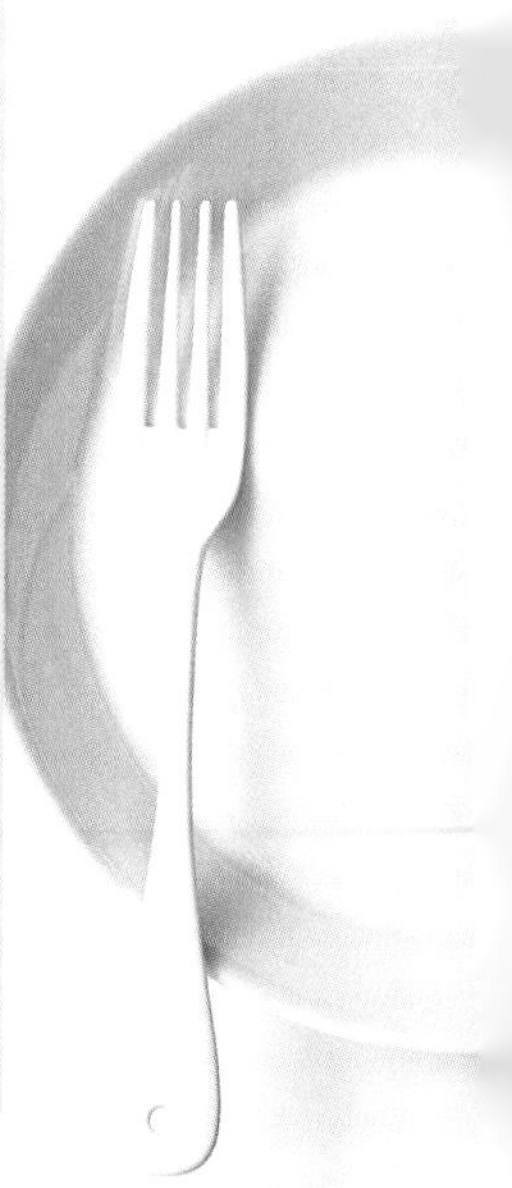

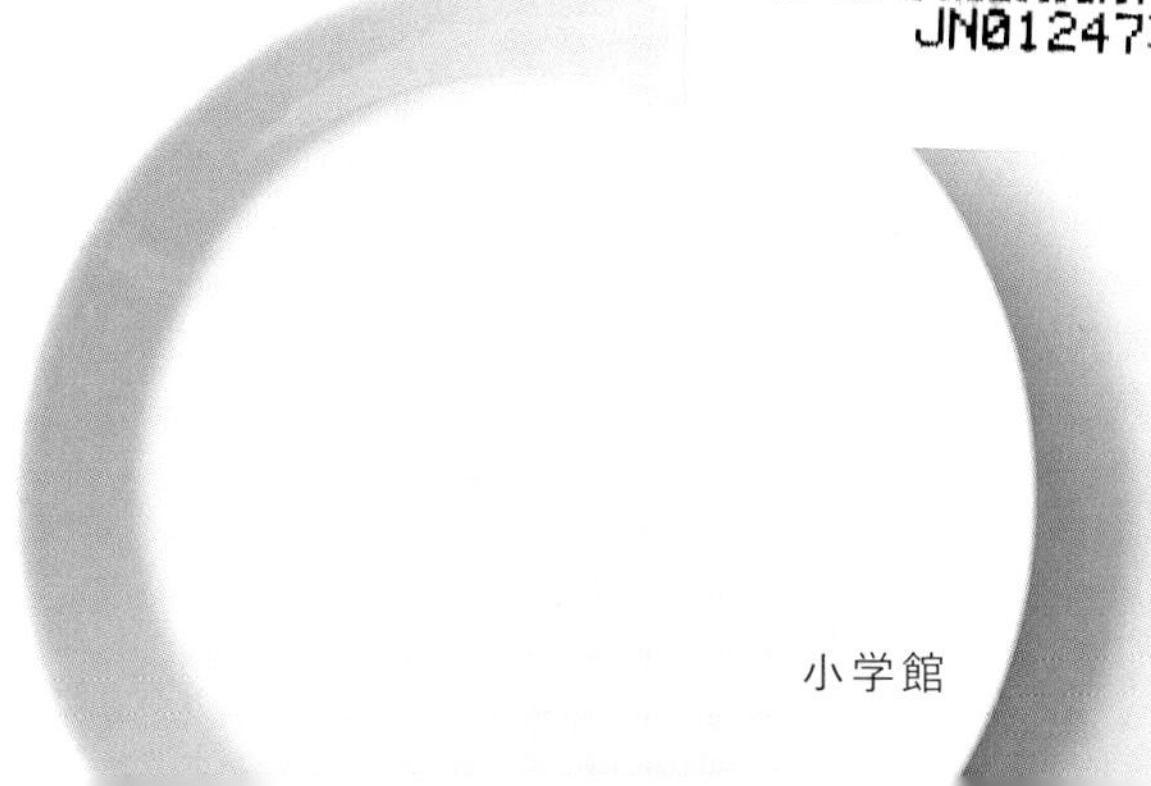

小学館

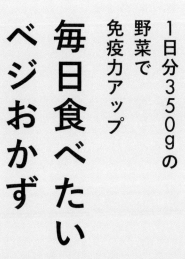

はじめに

僕は料理家としての活動と並行し、管理栄養士として、とあるＩＴ企業の平日の社員食堂の運営をしています。４年間でつくってきた定食は８６０種類を超えます。献立を考えるとき、最優先で心がけているのは「野菜をたっぷり使う」ということです。

野菜摂取の目標量は、１日３５０ｇといわれています。日々生活をしていると、家庭でも外食でも、肉や魚、米やパンなどは気軽にとりやすいですが、野菜は意識しないと、毎日食べ続けることがなかなか難しいなと感じています。なので、昼の定食では、１日の目標量、３５０ｇの野菜を社員の皆さんにとってもらえるように、工夫しています。

本書では、１品で３５０ｇ以上がとれるように野菜を組み合わせて、レシピをご紹介しています。僕が社員食堂でつくってきた、野菜がたくさん食べられる献立をつくりやすいレシピにアレンジしました。材料は、スーパーで季節を問わずに手に入る野菜ばかり。野菜に分類されないけれど、栄養豊富なきのこや海藻も取り入れています。「野菜１つで３５０ｇ以上とれる」という取りかかりやすいレシピもあるので、つくっていくうちに、３５０ｇの分量も大まかにつかめてくると思います。

サラダでみずみずしいまま食べたり、スープにして栄養をまるごといただいたり、たくさん食べられるよう蒸したり。調理方法によって野菜の楽しみはぐっと広がります。また、肉や魚と合わせると、たんぱく質もしっかりとれて栄養バランスもよくなります。この本が、野菜をおいしく楽しく！前向きに食べられるきっかけになれたらうれしいです。

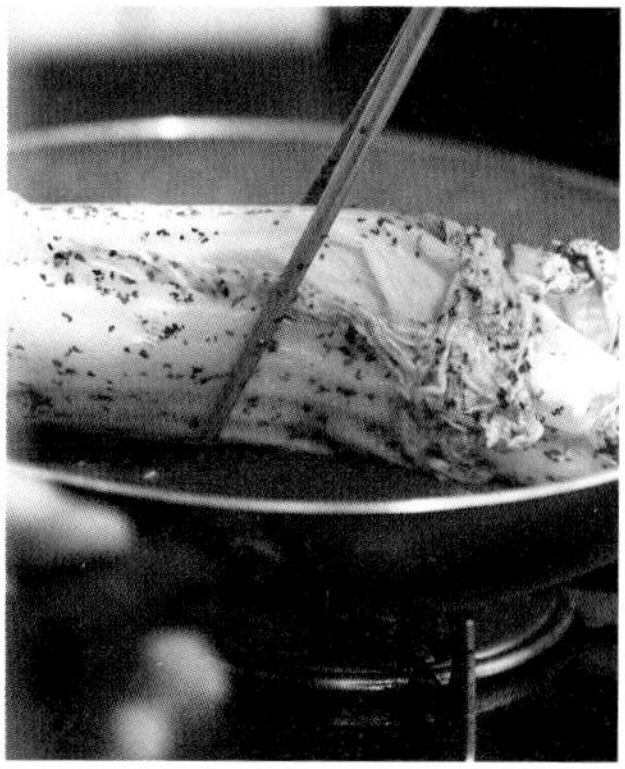

CONTENTS

Part3 4つの野菜で350gがとれるレシピ
［料理別］

本書の使い方

1日350gの食材の組み合わせ

★ ここから始まるレシピで使う食材の組み合わせです。Part2では気になる症状や目的別に、Part3では便利な料理別にご紹介しています。その日の気分や、冷蔵庫に余っている野菜などと合わせて選んでみてください。

★ 食材の写真はレシピで使う1日350g（以上）の野菜です。

★ このテーマで意識してとりたい栄養素を含む野菜をご紹介しています。

3つの野菜でつくる

免疫力アップ
パプリカ×
ブロッコリー×
キャベツ

350g!

ビタミンCが豊富な組み合わせ。ビタミンCは抗酸化作用が高く、がんや老化の原因となる活性酸素の働きを抑え、免疫力を高める。ストレスを受けると減ってしまうので、意識してとりたいもの。パプリカやブロッコリーのビタミンCは加熱しても壊れにくいので、調理しやすい。

【ビタミンCを含む主な食材】
パプリカ／芽キャベツ／ブロッコリー／カリフラワー／トマト／菜の花／キャベツ／じゃがいも／さつまいも／ゴーヤ／ルッコラ

豚肉とパプリカのバジルナンプラー炒め

ガパオライス風の味付けで。豚肉のビタミンB_1＋野菜のビタミンCの相乗効果で免疫力もアップ。少しの砂糖が、ナンプラーの香りをマイルドに。

【材料（2皿分）】
豚ばら肉（薄切り）…200g
パプリカ（赤）…160g（1個）
ブロッコリー…130g（1/2個）
キャベツ…100g（葉5～6枚）
にんにく…10g（1片）
バジルの葉…10枚
酒…大さじ1
ナンプラー…大さじ1と1/2
砂糖…小さじ1
オリーブオイル…小さじ2

【作り方】
1 豚肉は4～5cm長さに切る。パプリカは細切りにする。ブロッコリーは小房に分ける。キャベツは1cm幅の細切りにする。にんにくはみじん切りにする。
2 フライパンにオリーブオイルを弱火で熱し、にんにくを炒める。香りが立ってきたら中火にし、ブロッコリーを入れて炒める。
3 ブロッコリーの表面に焼き色がついたら、豚肉、パプリカ、キャベツを入れ、酒をふって炒める。
4 豚肉に火が通ったら、ナンプラーと砂糖で味を付ける。火を止め、バジルの葉をちぎって入れる。

免疫力アップ | Bell pepper × Broccoli × Cabbage

039 038

レシピ

2皿で1日350g以上がとれるレシピにしています。1日分として一人で食べるもよし、2～3品つくって家族と食べるもよし。お好みで取り入れてみてください。

※写真は、実際のできあがりの分量と異なる場合があります。

＜本書の決まりごと＞

★ 大さじ1＝15mℓ、小さじ1＝5mℓです。

★ 材料の重さや個数は目安です。

★ 野菜は特に表記のない限り、皮付きのものを使っています。洗う、種や芽、ワタをとるなどの下ごしらえは基本的に省略しています。

★ 酢は米酢、バターは有塩、アーモンドやピーナッツは無塩・素焼き、豆乳は成分無調整タイプを使っています。

★ 電子レンジは600Wのもの、トースターは1000Wのものを使用しています。加熱時間はメーカーや機種によって、様子を見ながら加減してください。

「野菜は、1日350gとりましょう」

これは、厚生労働省による健康作りのための運動「健康日本21」で定められた、成人男女が1日に摂取したい野菜の目標値です。2019年の「国民健康・栄養調査」によると、日本人の1日の野菜摂取量の平均は280.5g。つまり、野菜不足です。

忙しい毎日では、1日1食になったり、ランチはパスタなどの麺や丼物、コンビニのおにぎりやサンドウィッチだけ……となりがち。意識しないと野菜はすぐ不足してしまいます。野菜不足はつまり、体に必要な栄養も不足しているということ。例えば、ビタミンが足りないと、体内でエネルギーがうまく生成されず疲れを感じやすくなったりします。食物繊維が不足すると、腸内に悪玉菌が増えて腸内環境が悪化し、栄養をうまく吸収できなくなるため、肌荒れや生活習慣病につながったりもします。

野菜は、緑黄色野菜を120g以上、淡色野菜を230g以上、合わせて350gとることが推奨されています。緑黄色野菜にはβ-カロテンなどが多く、淡色野菜は、ビタミンやミネラル、食物繊維も豊富。さまざまな野菜をとると、それだけ栄養バランスもよくなります。

この本では、350g以上の野菜がとれるレシピをまとめました。彩りや組み合わせやすさを考慮し、食物繊維もしっかりとれる350g以上の野菜セットごとに、サラダや炒め物、スープなど、2〜3品ずつのバリエーションをご紹介。マンネリになりがちな献立にも変化をつけられるし、野菜も使いきりやすくなっています。350gの野菜の目安もわかりやすいように写真でご紹介しています。今までより少し意識して野菜を食べて、体も心もお肌も元気な毎日に!

野菜をよりおいしく、たくさん食べるコツ

「1日350gの野菜」は、意外と量があります。普段の生活で、野菜をよりおいしく、ヘルシーに、たくさん食べるちょっとしたコツをご紹介します。

1 野菜の組み合わせや切り方で食感の違いを楽しむ

レシピで使う野菜は、にんじん×かぼちゃ×小松菜のように、根菜と葉野菜などを組み合わせて、食感の違いも楽しめるようにしています。また、野菜は切り方もポイント。繊維に沿って切ると、しゃきっと歯ごたえがよくなり、繊維を断つように切ると、やわらかな食感になったり。玉ねぎなら、縦に切ると辛みが出にくく、横に切ると辛みが出やすいなど、切り方で味わいが変わります。また、大きめに切ると風味も増し、よくかんで食べるので満腹感が得られて、早食いや食べ過ぎ防止にも。切り方を変えて楽しむのもコツです。

2 蒸したり、炒めたり。かさを減らして、たくさん食べる

野菜は、生のままではたくさんは食べられなかったり、食感に飽きてきたりすることがあります。生で食べるなら塩もみをしたり、蒸したりしてかさを減らすと、無理なく、よりたくさん食べられます。まるごと焼いたり、炒めたりした野菜の香ばしさもおいしい。スープにすれば、具はやわらかく食べやすくなり、野菜から溶け出した栄養も余すところなくいただけます。

たけのこ×セロリ×ほうれん草なら…

〈スープ〉

鶏肉とたけのこ、ほうれん草のごまスープ（P.72）

〈グラタン〉

ツナとセロリの和風とろろグラタン風（P.76）

〈炒め物〉

厚揚げとたけのこの黒酢バター（P.74）

3 油と合わせれば、おいしさもビタミンの吸収率もアップ

野菜は油と一緒に調理すると、香りや甘み、旨味が増します。また、にんじんやほうれん草などの緑黄色野菜に豊富なβ-カロテン（ビタミンA）、カルシウムの吸収を促すビタミンDのような脂溶性ビタミンは、油と調理すると体内への吸収率が高まります。この本で使っているのは主に、オリーブオイルとごま油。どちらも悪玉コレステロールを低下させる働きがある不飽和脂肪酸で、ポリフェノールも豊富です。

4
ときには塩だけで食べたり、調味料を変えてみたり

ミネストローネのように、野菜の旨味が生きた料理は、塩だけでも十分おいしい。塩が引き出す野菜本来のおいしさをじっくり味わうのもおすすめです。味やレシピにマンネリを感じたら、調味料を活用。美容に効くスパイスが豊富なカレー粉でメリハリをつけたり、梅干しで酸味を加えたり、バジルの香りをアクセントにしたり。発酵調味料のナンプラーを少し加えると、手軽にエスニック風味に。いつもと違う味が楽しめます。

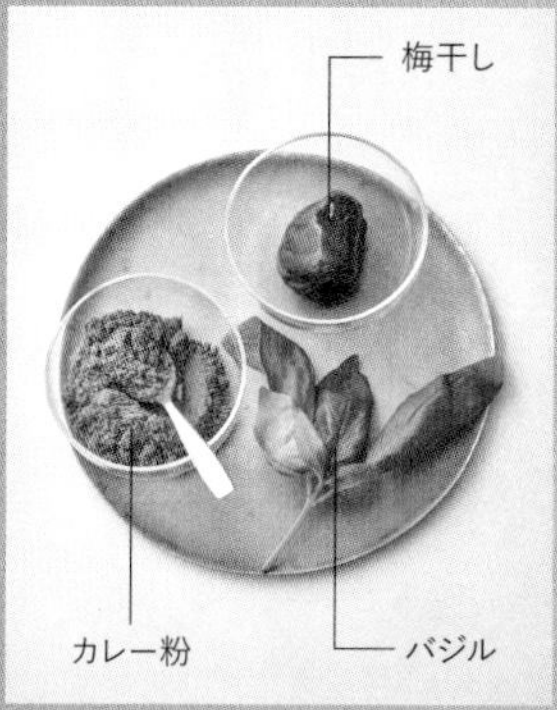

5
たんぱく質と組み合わせてよりヘルシーに

たんぱく質は、体をつくる大切な栄養素。不足すると、肌や髪のトラブルが起きたり、筋肉量が減って基礎代謝が落ち、太りやすくやせにくい体に。また、やる気に関わるドーパミンなどの神経伝達物質の働きが鈍くなることも。とはいえ、たんぱく質だけとっていてもＮＧ。例えば、ビタミンB群は、糖質やたんぱく質、脂質の代謝に関わるので、不足するとそれらをエネルギー源にできず、体脂肪の増加につながります。1食を1品ですませることが多い人は、ビタミン、ミネラル、食物繊維が豊富な野菜とたんぱく質を組み合わせれば、栄養バランスもよくなります。

6 野菜は水分を逃さないよう、包んで、立てて、冷蔵保存を

食材は調理方法と同様に、保存方法によってもおいしさや栄養価が変わります。冷蔵保存する場合は、水分が逃げて乾燥しないよう、ポリ袋に入れて保存したいもの。葉野菜などは、新聞紙や湿らせたキッチンペーパーなどで包んでからポリ袋に入れ、野菜室で保存すると、栄養も鮮度も長持ちします。また、アスパラガスやほうれん草などは、上に向かって育つもともとの環境と近くなるよう、冷蔵庫で立てて保存を。横にすると、上に向かおうとする力で栄養が使われてしまいます。

乾燥しないよう
ポリ袋に入れる

トマトなどは冷蔵庫の冷気に当たると表面が乾燥してシワっぽくなるので、ポリ袋に入れて野菜室へ。

葉野菜は湿らせた
キッチンペーパーに包む

キャベツなどの葉を保存するときは、湿らせたキッチンペーパーに包み、ポリ袋に入れて冷蔵。

切り口には
ラップをする

大根やズッキーニなどを一度に使い切らない場合は、切り口にラップをし、ポリ袋に入れて野菜室へ。

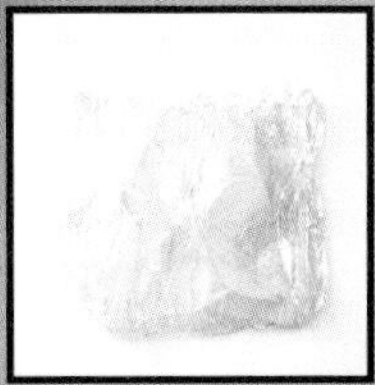

カット野菜は
早めに使いきる

玉ねぎなど下準備で切った野菜は、断面から栄養が流出しないよう、ラップをし、密閉袋などに入れて保存を。

【食材の重さの目安】

この本で使う主な食材の1つあたりの重さをまとめました。
1日350gを考えるときの目安や、分量に迷ったときの参考にしてみてください。

◎重量は目安です。中サイズを基準にしています。
◎推奨されている350gの内訳は「緑黄色野菜120g以上+淡色野菜230g以上」ですが、
本書では栄養素や組み合わせやすさ、彩りなどを考えて、いも類やきのこ類なども取り入れています。

【緑黄色野菜】

★葉や茎を食べる野菜（葉野菜など）

ほうれん草 ………1株30g

小松菜……………1株50g

水菜………………1株30g

クレソン …………1本6g

紫キャベツ ………1個800g

アスパラガス ……1本30g

ブロッコリー ……1個250g／1房15g

かいわれ大根 ……1パック50g

★実を食べる野菜（果菜類）

トマト ……………1個150g

ピーマン …………1個40g

パプリカ …………1個160g

かぼちゃ …………1個1200g

オクラ ……………1本8g

枝豆………………1さや3～5g
（レシピではむき枝豆を使用）

スナップエンドウ… 1さや5g

★根茎を食べる野菜（根菜）

にんじん …………1本200g

＊長ねぎは、白い部分は淡色野菜、緑色の部分は緑黄色野菜。大根とかぶは、根は淡色野菜、葉は緑黄色野菜。

【淡色野菜】

★葉や茎を食べる野菜（葉野菜など）

キャベツ …………1個1200g／葉1枚20g

白菜………………1個3000g

レタス ……………1個400g

玉ねぎ……………1個200g

長ねぎ……………1本120g

セロリ ……………1本150g

たけのこ …………水煮1個200g

カリフラワー ……1個600g／1房25g

★実を食べる野菜（果菜類）

きゅうり …………1本100g

ズッキーニ ………1本200g

とうもろこし ……1本450g

★根茎を食べる野菜（根菜）

大根………………1本800g

ごぼう ……………1本150g

れんこん …………1節200g

かぶ………………1個（根のみ）100g

【その他】

★いも類

じゃがいも ………1個150g

★きのこ類

しいたけ …………1個15g

しめじ ……………1パック100g

★海藻

わかめ……………片手にのる程度で30g

Part1

1つの野菜で 350gがとれるレシピ

シンプルに、野菜1つで350gとってしまう作戦。使うのは1種類だから、味も決まりやすく、準備も気持ちもラクです。そのまま食べたり、常備菜としてプラス1品にしたり、肉や魚に添えたり、サラダやパスタの具にしたり。つくるうちに、350gの分量の目安もわかってきます。

大根

Japanese white radish

旬は12～2月。消化酵素のアミラーゼが胃の調子を整え、抗菌作用のある辛み成分のイソチオシアネートはがん予防も期待できる。食物繊維も豊富。美肌を導くビタミンCは皮に多いので、しっかり洗って皮ごと食べたい。

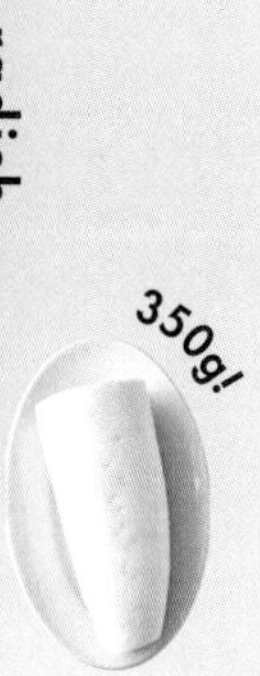

スティック大根のしょうゆ酢漬け

せん切り大根のカクテキ

スティック大根のしょうゆ酢漬け

漬けるほど味がしみて、こなれたおいしさに。
鷹の爪を入れてピリッとさせてもおいしいです。

【材料（2〜3食分）】

大根 … 400g（1/2本）

A
- 酢 … 大さじ4
- しょうゆ … 大さじ4
- 砂糖 … 大さじ2

【作り方】

1 大根は皮ごと1cm角のスティック状に切る。

2 耐熱ボウルに**1**と**A**を入れる。ふんわりとラップをし、電子レンジで2分加熱し、混ぜ合わせる。

3 粗熱がとれたら、チャック付きの保存袋に汁ごと移す。空気を抜き、冷蔵庫で半日漬ける。

＊冷蔵庫で3〜4日保存可。

せん切り大根のカクテキ

常備菜としても大活躍。みじん切りにした桜えびを使うことで、
大根がしっかりと旨味をまとって、コク深いおいしさに。

【材料（2〜3食分）】

大根 … 400g（1/2本）

塩 … 小さじ1/4

A
- 桜えび（みじん切り）… 大さじ2
- コチュジャン … 大さじ1と1/2
- しょうゆ … 小さじ2
- いりごま（白）… 小さじ1

いりごま（白）… 好みで

【作り方】

1 大根は皮ごとせん切りにする。塩をふって軽くもみ込み、全体がしんなりとするまで10分ほど置く。水分が出たらしっかりと絞る。

2 ボウルに**1**と**A**を入れて和える。器に盛り、好みでごまをふる。

＊冷蔵庫で4〜5日保存可。

大根のレモンステーキ

塩とレモンが大根の甘さを引き出す、ちょっと小粋な一皿。大根は切り込みを入れてレンチンすると、厚切りでもしっかり火が通ります。

【材料（2食分）】

大根 … 400g（1/2本）

片栗粉 … 小さじ2

塩 … 小さじ1/2

レモン … 1個

オリーブオイル … 大さじ1

【作り方】

1 大根は皮ごと3cm程度の輪切りにし、切り口の両面に5mm深さの切り目を格子状に入れる。

2 表面を水でぬらし、耐熱容器に重ならないように並べる。ふんわりとラップをし、電子レンジで7分加熱する。

3 水けをふき、片栗粉と塩を両面にまぶす。

4 レモンは半分を薄切りにし、半分は絞る。

5 フライパンにオリーブオイルを入れて中火にかける。**3**を入れ、こんがりと焼き色がついたら上下を返す。レモンの薄切りを入れて弱火にし、フタをして、3～4分蒸し焼きにする。

6 レモン汁を加えてさっと和え、火を止める。

ブロッコリー

Broccoli

栄養価が高く、たんぱく質、ビタミンC・E、β-カロテン（ビタミンA）、カリウム、食物繊維、スルフォラファンも豊富。風邪予防、美肌や筋トレにも効果的。レモンより多いビタミンCは、電子レンジで加熱すると減りにくい。

ブロッコリーの しょうがシーザードレッシング

ドレッシングに豆乳としょうがを使うと、キリッとしたおいしさに。こってりしすぎないので、飽きずに食べられます。

【材料（2食分）】

ブロッコリー … 約400g（1と1/2株）
粗びき黒こしょう … 少量

A
- 豆乳 … 大さじ4
- マヨネーズ … 大さじ2
- 粉チーズ … 小さじ2
- おろししょうが … 小さじ1

【作り方】

1 ブロッコリーは小房に分け、芯は薄切りにする。（水洗いし、ぬれたままの状態で）耐熱ボウルに入れ、塩ひとつまみ（分量外）で和える。ふんわりとラップをし、電子レンジで3分ほど加熱する。粗熱がとれたら、水けをきる。

2 Aを混ぜ合わせてドレッシングをつくる。

3 **1**を器に盛り**2**をかけ、粗びき黒こしょうをふる。

ブロッコリーのデュカ和え

中東の万能スパイス「デュカ」風の味付けで、ブロッコリーをエスニックに。
乾いりしたナッツやスパイスが香ばしく、ざくざく食感もクセに。

【材料（2食分）】

ブロッコリー … 約400g（1と1/2株）
カシューナッツ … 10粒
クミンシード … 小さじ1
塩 … 小さじ1/4
薄力粉 … 大さじ3
サラダ油 … 適量

【作り方】

1　デュカをつくる。カシューナッツとクミンシードを麺棒などでたたいて粗めに砕く。フライパンに塩とともに入れ、弱火で2分ほど、じっくりといる。

2　ブロッコリーは小房に分け、芯は薄切りにする。全体に薄力粉をまぶす。

3　フライパンにサラダ油を入れ（約1cm深さ）、中火で熱し、**2**を揚げ焼きにする。全体に焼き色がついたら火を止め、油をきる。器に盛り、**1**をふる。

ブロッコリーの和風粒マスタードソテー

蕾よりも栄養価の高い芯（茎）も残さずソテーに。和洋折衷なおいしさ。
粒マスタードは火を止めてから加えると、味がぼやけません。

【材料（2食分）】

ブロッコリー … 約400g（1と1/2株）

A
- 酒 … 大さじ1
- しょうゆ … 大さじ1
- 砂糖 … 小さじ2

粒マスタード … 大さじ1

ごま油 … 大さじ1

【作り方】

1 ブロッコリーは小房に分け、芯は薄切りにする。

2 フライパンにごま油を中火で熱し、**1**を炒める。表面に焼き色がついたら**A**を入れ、全体にからむように炒める。火を止め、粒マスタードを加えて和える。

にんじん

Carrot

カロテン類が豊富で、髪や皮膚を健やかに保つβ-カロテンは、油ととると吸収率がアップする。ビタミンC、カリウム、食物繊維も多い。また、皮にも栄養が多い。茎の切り口の軸が小さい方がやわらかい。

にんじんのパセリバター

にんじんの塩麹漬け

にんじんのパセリバター

**いわば、焼いてつくるにんじんグラッセ。じっくり炒めることで、
よりほっくりとした食感に。パセリのさわやかな香りとともに。**

【材料（2～3食分）】

にんじん … 400g（2本）
パセリ … 10g
にんにく … 5g（1/2片）
塩 … 小さじ1/2
バター … 大さじ1
オリーブオイル … 小さじ2

【作り方】

1 にんじんは皮ごと縦半分に切り、乱切りにする。パセリとにんにくはみじん切りにする。

2 フライパンにオリーブオイルを弱火で熱し、にんにくを炒める。香りが立ってきたら中火にし、にんじんと塩を加えて炒める。

3 にんじんがしんなりとしたら、パセリを入れてさっと和え、バターを入れて、溶かしながら全体にからめて火を止める。

にんじんの塩麹漬け

**発酵食品の塩麹は、野菜漬けをぐっとおいしくしてくれます。
お弁当のおかずや、常備菜としてもおすすめ。**

【材料（2～3食分）】

にんじん … 400g（2本）
鷹の爪 … 1本
塩麹 … 大さじ4
砂糖 … 小さじ2

【作り方】

1 にんじんは皮ごと縦半分に切り、斜め薄切りにする。鷹の爪は輪切りにし、種はとる。

2 チャック付きの保存袋に**1**と塩麹、砂糖を入れてよくもみ込み、冷蔵庫で半日以上漬ける。

＊冷蔵庫で4～5日保存可。

＊漬けている間、にんじんの水分が出てきます。味がぼやけたら、水けをきり、塩麹を小さじ1～2ずつ加えて味を調えてください。

きんぴらゆずにんじん

ゆずこしょう×ナンプラーのピリ辛なコクが、にんじんの甘さを程よく引き立てます。スライサーを使えば時短に。

【材料（2～3食分）】

にんじん … 400g（2本）

A
- 酒 … 大さじ1
- みりん … 大さじ1
- ナンプラー … 小さじ2
- ゆずこしょう … 小さじ1

塩 … 少量

オリーブオイル … 大さじ1

【作り方】

1 にんじんは皮ごとせん切りにする。

2 **A**をよく混ぜ合わせる。

3 フライパンにオリーブオイルを中火で熱し、にんじんを炒める。塩をふり、全体がしんなりとしてきたら**2**を加え、汁けがほとんどなくなるまで炒める。

＊冷蔵庫で4～5日保存可。

じゃがいもの台湾風炒め

じゃがいもは少し太めに切り、じっくりと炒めてほっくり感を出します。バジルは火を止めてから加えると、より香りが広がります。

【材料（2～3食分）】

じゃがいも … 360g（小3個）
薄力粉 … 小さじ2
オイスターソース … 大さじ1
五香粉《ウーシャンフェン》 … 小さじ1
塩、粗びき黒こしょう … 各少量
ごま油 … 大さじ2
バジルの葉 … 好みで

【作り方】

1　じゃがいもは皮をむき、1cm 厚さの短冊切りにして、水に5分ほどさらす。水けをふき、薄力粉をまぶす。

2　フライパンにごま油を中火で熱し、**1**をしっかりと炒める。しんなりとして焼き色がついたら、オイスターソースをからめながらさっと炒める。

3　五香粉、塩、粗びき黒こしょうをふってさっと炒めたら火を止め、好みでバジルの葉をちぎって入れる。

じゃがいも

Potato

ビタミンCは、加熱によるダメージが少なく、ストレス解消効果のあるGABAも多い。水にさらすとえぐみがとれ、調理中にくっつきにくい。ふっくらと丸みがあり、皮は薄さを感じるものを。

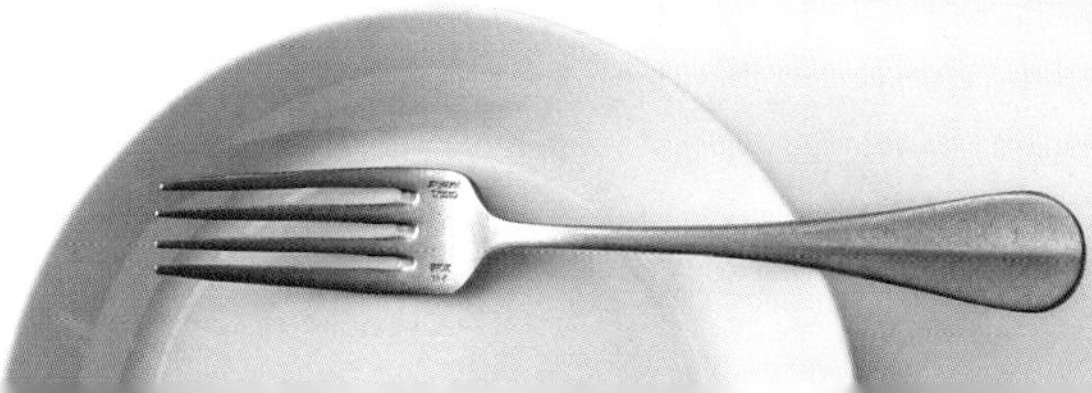

ゆでじゃがいもの明太ムース

**ディップに軽やかな口当たりのマスカルポーネを使うことで、
ゆでじゃがいもがさっぱり食べられます。クリーミーなおいしさの虜。**

【材料（2食分）】

じゃがいも … 360g（小3個）
明太子 … 40g（1腹）
マスカルポーネチーズ
… 100g（クリームチーズでも可）

【作り方】

1　じゃがいもは皮ごと1cm厚さの輪切りにし、水に5分ほどさらす。水けをふき、耐熱ボウルに入れ、ふんわりとラップをし、電子レンジで4分加熱する。一度取り出して上下を返し、再度ラップをし、3分加熱する（竹串を刺してすっと通らなかったら、さらに1分加熱する）。

2　明太子は身をこそげとり、常温に戻したマスカルポーネチーズとよく混ぜ合わせる。

3　**1**と**2**をそれぞれ器に盛り、じゃがいもをディップしながらいただく。

焦がしじゃがいものポタージュ

家族みんなで楽しめる王道バターしょうゆ味のポタージュ。
焼いたじゃがいもの香ばしさも、美味なる調味料。

【材料（2食分）】

じゃがいも … 360g（小3個）
バター … 大さじ2
しょうゆ … 大さじ1
塩 … 小さじ1/2
酒 … 大さじ3
牛乳 … 500mℓ
パセリ … 好みで

【作り方】

1　じゃがいもは皮をむき、2cm角に切る。

2　深めのフライパンを中火にかけ、バターを溶かし、じゃがいもをしっかりと炒める。焼き色がついたら、しょうゆと塩を加えてさっと混ぜ、酒をふる。弱火にしてフタをし、7〜8分蒸す。

3　牛乳を加え、温まったら火を止める。ハンドブレンダーでなめらかになるまで攪拌する。器に注ぎ、好みでパセリのみじん切りを散らす。

＊**3**でミキサーを使う場合は、耐熱性のものを使ってください。もしくは、冷ましてから攪拌してください。

まるごとレタスの
こしょう蒸し

レタス

Lettuce

100gあたり12kcalと低カロリー。ビタミンK、葉酸、カリウム、食物繊維も多い。水分が多いので、パンチのある味を合わせると飽きずに食べやすい。芯の切り口が白く、葉にハリがあり、巻きはゆるめのものを。

350g!

焼きレタスの
和山椒バター

まるごとレタスのこしょう蒸し

フライパンで蒸すだけ。黒こしょうたっぷりのパンチのある味で、
「多いかな」と思う量でも、ぺろっと食べられます。

【材料（2食分）】

レタス…400g（1個）
にんにく…10g（1片）
酒…大さじ2
ごま油…大さじ1
塩…小さじ1/3
粗びき黒こしょう…小さじ1

【作り方】

1 レタスは芯をとり、葉をほぐす。

2 にんにくは薄切りにする。

3 フライパンに、レタス、にんにく、酒、ごま油、塩、粗びき黒こしょうの順に入れてフタをし、弱めの中火で7〜8分、レタスがしんなりするまで蒸す。

焼きレタスの和山椒バター

レタスははがれて崩れないよう、芯をつけたまま焼きます。
和山椒の鮮烈な香り、バターのコクで、レタスがとっておきの酒肴に。

【材料（2食分）】

レタス…400g（1個）
塩…小さじ1/2
バター…大さじ1
酒…小さじ2
和山椒（粉）…小さじ1/2

【作り方】

1 レタスは芯を残したまま縦4等分に切り、全体に塩をふる。

2 フライパンを中火にかけ、バターを溶かす。**1**の断面を下にして入れ、焼き色がついたら返し、酒をふる。しんなりとしてきたら、和山椒を全体にまぶす。

まるごとレタスの中華びたし

黒酢仕立てのタレにひたひたに漬かって、レタスがジューシーに。
レタスは火が通りやすいので、レンチン時間は様子を見ながら調整を。

【材料（2食分）】

レタス … 400g（1個）

A［
黒酢 … 大さじ2
しょうゆ … 大さじ1と1/2
おろししょうが … 大さじ1
ごま油 … 小さじ2

【作り方】

1　レタスは手でちぎる。耐熱容器に入れて、ふんわりとラップをし、電子レンジで2分加熱する。いったん取り出して全体を混ぜたら、再度ラップをし、さらに1分加熱する。

2　**A**を混ぜ合わせる。

3　**1**の水けを軽くきり、**2**を入れて和える。

白菜

Napa cabbage

多くが水分だが、風邪予防、美肌効果のあるビタミンCや食物繊維、旨味成分のグルタミン酸も多い。芯も甘いので、そぎ切りにして使い切りたい。ずしりと重く、巻きがしっかりしているものを。

350g!

焼き白菜のバジルペペロン

加熱しても香りや風味がしっかり残る乾燥バジルをまぶして、大きいまま、じっくり蒸し焼きに。味も見た目も満足感も主役級。

【材料（2食分）】

白菜…380g（1/8個）

にんにく…10g（1片）

鷹の爪…1本

乾燥バジル…小さじ2

酒…大さじ2

塩…小さじ1/2

オリーブオイル…大さじ1と1/2

【作り方】

1 白菜全体に塩とバジルをまぶし、軽くもみ込む。

2 にんにくは薄切りにする。鷹の爪は輪切りにし、種はとる。

3 フライパンにオリーブオイルを弱火で熱し、**2**を炒める。にんにくの表面に焼き色がついたら、にんにくだけいったん取り出す。

4 **3**のフライパンにそのまま**1**を入れ、中火で焼く。片面に焼き色がついたら返し、酒をふり、にんにくを戻し入れる。弱めの中火にしてフタをして、10分ほどじっくりと蒸し焼きにする。

蒸し白菜の梅オイスターマリネ

無意識に食べてしまうおいしさ。白菜の水けをしっかりきっておくと、
梅オイスター味が薄まらず、さっぱりとしたコクと旨味が楽しめます。

【材料（2食分）】

白菜 … 380g（1/8個）

梅干し … 2個

オイスターソース … 大さじ1

【作り方】

1 白菜は4cm幅の一口大に切り、表面を水でぬらす。耐熱ボウルに入れ、ふんわりとラップをし、電子レンジで2分加熱する。いったん取り出し、さっと混ぜたら再度ラップをし、さらに2分加熱する。

2 梅干しは種をとり、実をたたく。

3 **1**の粗熱がとれたら水けをしっかり絞り、**2**とオイスターソースで和える。

白菜の無水煮

ナンプラーとバターのコクをきかせた、シンプルで贅沢なおいしさ。
白菜から出た水分は旨味たっぷりの極上のスープ！

【材料（2食分）】

白菜 … 380g（1/8個）
ローリエ … 2枚
白ワイン … 大さじ3
ナンプラー … 大さじ1
バター … 大さじ1
粉チーズ … 好みで

【作り方】

1 白菜は縦半分に切る。

2 深めのフライパンに白菜を重ならないように並べる。ローリエを入れ、白ワイン、ナンプラーの順に回し入れ、バターをのせる。フタをし、弱めの中火で10分ほど蒸す。白菜がくったりとしたら、火を止める。器に盛り、好みで粉チーズをふる。

パプリカ

Bell pepper

β-カロテン（ビタミンA）、ビタミンC・Eと、老化を防ぐ抗酸化ビタミンがたっぷり。パプリカのビタミンCは熱に強い。種やワタにも栄養素が含まれているのでまるごと食べても。ハリがあり、ヘタが新鮮なものを。

パプリカのローストマリネ

パプリカの大葉ナンプラー

パプリカの大葉ナンプラー

パプリカは縦半分に切り、さらに横半分に切って細切りにすると食べやすいです。ナンプラーは発酵食品なので、腸活にもおすすめ。

【材料（2食分）】

パプリカ（赤）… 400g（2と1/2個）

大葉 … 10枚

A ナンプラー … 大さじ2
　レモン汁 … 大さじ1
　砂糖 … 小さじ2

【作り方】

1 パプリカは縦半分に切り、さらに横半分に切り、細切りにする。水でさっとぬらして耐熱ボウルに入れ、ふんわりとラップをし、電子レンジで3分加熱する。水けをしっかりふき、粗熱をとる。

2 大葉をせん切りにする。

3 **1**、**2**、**A**をボウルで和える。

＊冷蔵庫で3～4日保存可。

パプリカのローストマリネ

ローストしたパプリカの甘さが新鮮。パプリカの味がついた漬けオイルは、パスタやサラダに使ってもおいしい。

【材料（2食分）】

パプリカ（赤）… 400g（2と1/2個）

塩 … 小さじ1

オリーブオイル … 100㎖

【作り方】

1 パプリカは縦半分に切り、塩を全体にふる。

2 140℃に予熱したオーブンで、**1**を60分ほど、全体がくったりとするまで焼いたら取り出し、粗熱をとる。細切りにし、オリーブオイルに浸す。

＊冷蔵庫で1週間保存可。

パプリカのサルサソテー

ケチャップやミックススパイスのチリパウダーで簡単サルサ味に。
さっぱりの中のピリッとした味がおいしい。サラダの具にしても。

【材料（2食分）】

パプリカ（赤）… 400g（2と1/2個）

A
- ケチャップ … 大さじ2
- レモン汁 … 大さじ1
- おろしにんにく … 小さじ1/4
- チリパウダー … 小さじ2
- タバスコ … 小さじ1

塩 … 小さじ1/4

オリーブオイル … 小さじ2

【作り方】

1　パプリカは2cm角に切る。

2　**A**を混ぜ合わせる。

3　フライパンにオリーブオイルを中火で熱し、**1**を炒める。塩をふり、パプリカがしんなりしたら、**2**を加えて混ぜ合わせる。

＊冷蔵庫で3〜4日保存可。

Part2

3つの野菜で350gがとれるレシピ

［気になる症状や目的別］

3つの野菜で350gがとれるよう、根菜や葉野菜などを組み合わせました。1つの野菜セットで、3つの料理が楽しめます。風邪予防、美肌、腸内環境改善など、気になる症状や目的別に必要な栄養素がとれるレシピ。目的に関係なく食べても、ビタミンや食物繊維がとれて、栄養バランスも整います。

免疫力アップ
パプリカ×ブロッコリー×キャベツ

ビタミンCが豊富な組み合わせ。ビタミンCは抗酸化作用が高く、がんや老化の原因となる活性酸素の働きを抑え、免疫力を高める。ストレスを受けると減ってしまうので、意識してとりたいもの。パプリカやブロッコリーのビタミンCは加熱しても壊れにくいので、調理しやすい。

【ビタミンCを含む主な食材】
パプリカ／芽キャベツ／ブロッコリー／カリフラワー／トマト／菜の花／キャベツ／じゃがいも／さつまいも／ゴーヤ／ルッコラ

豚肉とパプリカのバジルナンプラー炒め

ガパオライス風の味付けで。豚肉のビタミンB_1＋野菜のビタミンCの相乗効果で免疫力もアップ。少しの砂糖が、ナンプラーの香りをマイルドに。

【材料（2皿分）】

豚ばら肉（薄切り）… 200g
パプリカ（赤）… 160g（1個）
ブロッコリー … 130g（1/2個）
キャベツ … 100g（葉5〜6枚）
にんにく … 10g（1片）
バジルの葉 … 10枚
酒 … 大さじ1
ナンプラー … 大さじ1と1/2
砂糖 … 小さじ1
オリーブオイル … 小さじ2

【作り方】

1 豚肉は4〜5cm長さに切る。パプリカは細切りにする。ブロッコリーは小房に分ける。キャベツは1cm幅の細切りにする。にんにくはみじん切りにする。

2 フライパンにオリーブオイルを弱火で熱し、にんにくを炒める。香りが立ってきたら中火にし、ブロッコリーを入れて炒める。

3 ブロッコリーの表面に焼き色がついたら、豚肉、パプリカ、キャベツを入れ、酒をふって炒める。

4 豚肉に火が通ったら、ナンプラーと砂糖で味を付ける。火を止め、バジルの葉をちぎって入れる。

鶏肉とキャベツの麹味噌汁

カラフル野菜でスープみたいなお味噌汁。鶏肉は塩麹に漬けると、しっとりとやわらかに。漬け汁も加えればやさしい旨味が広がります。

【材料（2皿分）】

鶏むね肉 … 130g（1/2枚）
パプリカ（赤）… 160g（1個）
ブロッコリー … 130g（1/2個）
キャベツ … 100g（葉5〜6枚）
だし汁 … 600mℓ
塩麹 … 大さじ1
味噌 … 大さじ2

【作り方】

1　鶏むね肉は横半分に切り、繊維を断ち切るようにそぎ切りにする。塩麹をもみ込み、30分以上置く（2時間以上漬けると、よりしっとりとする）。

2　パプリカは縦半分に切り、さらに横半分に切って細切りにする。ブロッコリーは小房に分ける。キャベツは2〜3cmの一口大に切る。

3　鍋にだし汁を沸かし、**2**を入れて、中火で3分ほど温める。**1**を漬け汁ごと加え、鶏肉に火が通るまで、弱めの中火で3分ほど沸騰しない程度にじっくりと加熱する。アクが出たらとる。

4　火を止め、味噌を溶き入れる。

アボカドとブロッコリーのガドガド風サラダ

インドネシアのガドガド（ごちゃ混ぜ）サラダ風に。ピーナッツソースのコクで野菜が進みます。アボカドのビタミンEでさらに抗酸化力アップ。

【材料（2皿分）】

アボカド … 100g（1/2個）
パプリカ（赤）… 160g（1個）
ブロッコリー … 130g（1/2個）
キャベツ … 100g（葉5～6枚）

A
- ピーナッツバター（有糖）… 大さじ3
- 水 … 大さじ1
- レモン汁 … 大さじ1
- しょうゆ … 小さじ2

バターピーナッツ … 好みで

【作り方】

1 アボカド、パプリカ、キャベツは2cm角に切る。ブロッコリーは小房に分け、水でさっとぬらして耐熱ボウルに入れ、ふんわりとラップをし、電子レンジで2分加熱する。

2 ボウルに**A**を混ぜ合わせ、**1**を加えて和える。器に盛り、好みでバターピーナッツを砕いて散らす。

免疫力アップ
かぼちゃ×カリフラワー×パプリカ

体内でビタミンAに変わり、皮膚や粘膜を健やかに保つβ-カロテン、病気への抵抗力を高めるビタミンC、老化を予防するビタミンE。抗酸化作用の高い〝ビタミンACE〟を含む野菜で、風邪を予防。

【β-カロテン（ビタミンA）を含む主な野菜】
にんじん／かぼちゃ／ほうれん草／ブロッコリー／ピーマン／小松菜

【ビタミンCを含む主な野菜】
パプリカ／ブロッコリー／カリフラワー／トマト

【ビタミンEを含む主な野菜】
かぼちゃ／モロヘイヤ／パプリカ／にら／小松菜

パンチェッタとカリフラワーのカスレ風

体が温まるフランスの伝統料理を簡単アレンジ。パンチェッタの塩けとかぼちゃの甘さのループ、溶け合う野菜の旨味がおいしい。

【材料（2皿分）】

パンチェッタ … 100g
かぼちゃ … 150g（1/8個）
カリフラワー … 100g（4〜5房）
パプリカ（黄）… 100g（小1個）
白いんげん豆（水煮）… 100g
白ワイン … 100mℓ
ホールトマト … 400g（1缶）
砂糖 … 小さじ2
塩 … 小さじ1/2

【作り方】

1 パンチェッタは細めの拍子木切りにする。かぼちゃは2cm角に切る。カリフラワーは小房に分け、半分に切る。パプリカは縦半分に切り、さらに横半分に切って1cm幅の細切りにする。

2 鍋に**1**と白ワインを入れてフタをし、中火で3分ほど加熱する。

3 水けをきった白いんげん豆、つぶしたホールトマト（汁ごと）、砂糖、塩を加える。フタを少しずらしてのせ、時々混ぜながら、弱火で12分ほど煮込む。

かぼちゃとパプリカのソイポタージュ

野菜を食べているかのような、きれいな黄色のポタージュ。
塩とバターだけのシンプルな味付けで、やさしい甘さが引き立ちます。

【材料（2皿分）】

かぼちゃ … 150g（1/8個）
カリフラワー … 100g（4〜5房）
パプリカ（黄）… 100g（小1個）
バター … 大さじ1
塩 … 小さじ1/2
豆乳 … 500㎖

【作り方】

1　かぼちゃは皮をそぎ2cm角に切る。カリフラワーは小房に分ける。パプリカは角切りにする。

2　鍋を中火にかけてバターを溶かし、**1**と塩を入れてさっと炒める。全体に薄く焼き色がついたら豆乳を加え、フタをして、弱火で8分ほど加熱する。

3　かぼちゃに竹串をさしてスッと通るようになったら、火を止める。ハンドブレンダーでなめらかになるまで攪拌する。

＊**3**でミキサーを使う場合は、耐熱性のものを使ってください。もしくは、冷ましてから攪拌してください。

コンビーフとパプリカの野菜チーズ蒸し

蒸し器いらずのフライパン簡単蒸し。コンビーフとチーズの塩けと濃厚なコク、スパイシーな風味でガツンとおいしく、クセになる味。

【材料（2皿分）】

かぼちゃ … 150g（1/8個）
カリフラワー … 100g（4～5房）
パプリカ（黄）… 100g（小1個）
コンビーフ … 80g（1缶）
カレー粉 … 小さじ1
ピザ用チーズ … 50g
粗びき黒こしょう … 好みで

【作り方】

1　かぼちゃは5～7mm幅、5cm長さの薄切りにする。カリフラワーは小房に分ける。パプリカは1cm幅の細切りにする。

2　**1**とカレー粉を和える。

3　深めのフライパンに水（分量外）を深さ2cmになるまで入れる。上に鍋の直径より大きい耐熱のクッキングシートをしき、**2**とほぐしたコンビーフをのせ、ピザ用チーズを散らす。

4　**3**を中火で加熱する。水が沸騰してきたら弱めの中火にし、フタをして、10分ほど蒸す。食べる前に好みで粗びき黒こしょうをふる。

エイジングケア
れんこん×にんじん×わかめ

さびない体を作る、抗酸化成分が多い組み合わせ。れんこんのポリフェノール、にんじんのβ-カロテン、わかめのクロロフィルなどは、がんや老化を予防。いずれもビタミンCや食物繊維が多く、野菜は栄養が多い皮ごと食べたい。にんじんのβ-カロテンは加熱すると吸収がよくなる。わかめは野菜の分類ではないけれど、栄養豊富なので意識してとりたい。

つくねとれんこんの和風スープ

つくねは鶏ひき肉を一口大にして入れるだけなので、実は簡単。
野菜とわかめの旨味を閉じ込めた、シンプルでやさしい味のスープです。

【材料（2皿分）】

鶏ひき肉 … 200g
れんこん … 200g（1節）
にんじん … 100g（1/2本）
わかめ（塩蔵）… 50g
おろししょうが … 小さじ2
塩 … 小さじ1/4
A［
だし汁 … 500mℓ
しょうゆ … 大さじ1
酒 … 小さじ2
みりん … 小さじ2

【作り方】

1　れんこんはいちょう切りにし、水に10分ほどさらして水けをきる。にんじんは半月切りにする。わかめは水でよく洗って水けをきり、3〜4cm幅に切る。

2　ボウルに鶏ひき肉、おろししょうが、塩を入れ、粘りけが出るまでよく混ぜ合わせる。

3　鍋に**A**、れんこん、にんじんを入れて中火にかける。沸騰したら弱めの中火にし、**2**を一口大にちぎって（または丸めて）入れる。わかめも加え、アクをとりながら5分ほど煮込む。

豚しゃぶの韓国風みぞれサラダ

**コチュジャンを使ったピリ辛ソースで野菜が思った以上に食べられます。
疲労回復や代謝アップに欠かせない豚肉もたっぷり。**

【材料（2皿分）】

豚もも肉（しゃぶしゃぶ用）… 8枚
れんこん … 200g（1節）
にんじん … 100g（1/2本）
わかめ（塩蔵）… 50g
大根おろし … 100g
A［ポン酢 … 大さじ3
コチュジャン … 大さじ1
ごま油 … 小さじ1

【作り方】

1 れんこんは半月切りにし、たっぷり沸かした湯で1分ほどゆで、水けをきる（ゆで汁は鍋に入れたままとっておく）。にんじんはせん切りにする。わかめは水でよく洗い、2〜3cm幅に切る。

2 **1**のれんこんのゆで汁を中火にかけ、水面がやさしくグラグラと揺れてきたら豚肉を入れ、50秒ほど加熱して、ざるにあげる。

3 **A**をよく混ぜ合わせる。

4 器に、にんじん、れんこん、わかめ、豚肉の順に盛り、大根おろしをのせ、**3**をかける。

根菜とわかめの味噌炒め

にんにくとごま油で香りよく炒めると、ごろごろ根菜もあっという間に食べられます。わかめは炒めると食感や風味が際立ちます。

【材料（2皿分）】

れんこん … 200g（1節）
にんじん … 100g（1/2本）
わかめ（塩蔵）… 50g
にんにく … 5g（1/2片）
ごま油 … 大さじ1
A
- 味噌 … 大さじ1
- 酒 … 小さじ2
- しょうゆ … 小さじ2
- みりん … 小さじ2
- 水 … 大さじ1

【作り方】

1 れんこんは乱切りにし、水に10分ほどさらして、水けをきる。にんじんは乱切りにする。わかめは水でよく洗って水けをきり、2〜3cm幅に切る。にんにくはみじん切りにする。

2 フライパンにごま油を弱火で熱し、にんにくを炒める。香りが立ってきたられんこんとにんじんを入れ、中火でしっかりと炒める。火が通ってきたら、わかめと**A**を入れ、さらに炒める。

美肌に導く にんじん×かぼちゃ×小松菜

β-カロテン豊富な緑黄色野菜の組み合わせ。β-カロテンは体内でビタミンAに変わり、天然の保湿因子を増やし、うるおいとハリのある肌に導く。β-カロテンの抗酸化作用はビタミンCの千倍ともいわれ、エイジングケアにも。コラーゲンの生成に必要なビタミンCと合わせてとりたい。

【β-カロテン（ビタミンA）を含む主な野菜】
にんじん／かぼちゃ／ほうれん草／ブロッコリー／小松菜／春菊／にら／青梗菜／小ねぎ

そぼろとかぼちゃのしょうが煮

だしいらずでつくれるしょうが香るあんが、野菜にとろとろからんでおいしい。かぼちゃは煮崩れないよう、ほくほくに仕上げます。

【材料（2皿分）】

鶏ひき肉…100g
かぼちゃ…200g（1/6個）
にんじん…100g（1/2本）
小松菜…100g（2株）
しょうが…10g（1片）
<水溶き片栗粉>
　片栗粉…小さじ2
　水…大さじ1
ごま油…小さじ2
A［水…300mℓ
　しょうゆ…大さじ2
　砂糖…大さじ1

【作り方】

1　かぼちゃは2cm角に切る。にんじんは乱切りにする。小松菜は2cm長さに切る。しょうがは薄切りにする。片栗粉を水で溶き、水溶き片栗粉をつくる。

2　鍋にごま油を中火で熱し、しょうがと鶏ひき肉を入れ、そぼろ状になるまで炒める。

3　かぼちゃとにんじんを入れてさっと炒めたら、**A**を加え、8分ほど煮込む。アクが出たらとる。

4　かぼちゃに竹串がスッと通るようになったら小松菜を加え、くったりとするまでさっと温める。水溶き片栗粉をゆっくりと回し入れ、とろみがついたら火を止める。

にんじんとかぼちゃの
モッツァレラスープ

スープなら、溶け出た水溶性ビタミンも効率よくとれます。かぼちゃは崩しながら、チーズは溶かしながら食べると、自然な甘さが広がります。

【材料（2皿分）】

にんじん … 100g（1/2本）
かぼちゃ … 200g（1/6個）
小松菜 … 100g（2株）
にんにく … 10g（1片）
モッツァレラチーズ … 50g
水 … 500mℓ
洋風スープの素（顆粒）… 小さじ2
オリーブオイル … 大さじ1
粗びき黒こしょう … ひとつまみ

【作り方】

1 にんじんは半月切りにする。かぼちゃは5mm厚さの薄切りにする。小松菜は3cm長さに切る。にんにくはみじん切りにする。

2 フライパンにオリーブオイルを弱火で熱し、にんにくを炒める。香りが立ってきたら中火にし、にんじん、かぼちゃを加えさっと炒める。

3 水と洋風スープの素を加える。沸騰したら、弱めの中火で7分ほど煮込む。

4 小松菜を加え、くったりとしたら火を止め、器に注ぐ。モッツァレラチーズをちぎり入れ、粗びき黒こしょうをふる。

小松菜とかぼちゃのトルティージャ

フライパン1つで手軽につくれるスペイン風オムレツ。炒めた具の粗熱をとって卵を流し入れると、仕上がりがぼそっとなりにくいです。

【材料（2皿分）】

にんじん … 100g（1/2本）
かぼちゃ … 200g（1/6個）
小松菜 … 100g（2株）
バター … 大さじ1

A
- 溶き卵 … 3個分
- マヨネーズ … 大さじ3
- 粒マスタード … 小さじ2

【作り方】

1 にんじん、かぼちゃは1cm角に切る。小松菜は2〜3cm長さに切る。

2 フライパンを中火にかけてバターを溶かし、にんじんとかぼちゃを炒める。全体がしんなりとしたら小松菜を加え、さっと炒める。火を止め、そのままの状態で粗熱をとる。

3 **A**をボウルに入れ、よく混ぜ合わせる。

4 **2**のフライパンに**3**を流し入れる。弱火にかけ、フタをして、15分ほど加熱する。

＊フライパンは直径21cmのものを使いました。フッ素樹脂加工のフライパンを使うと、表面がつるっとなめらかに仕上がります。

腸内環境を整える
ごぼう×キャベツ×オクラ

美肌も健康も、腸から。腸内環境を整える食物繊維には、コレステロールの吸収を抑え、有害物質を体外へ運ぶ水溶性食物繊維と、腸内で溶けず、腸の動きを活発にして便秘を解消する不溶性食物繊維がある。どちらもバランスよく含む3つの野菜の組み合わせで、腸活を。

【水溶性食物繊維を含む主な野菜】
ごぼう／ブロッコリー／オクラ／レタス

【不溶性食物繊維を含む主な野菜】
ごぼう／大根／かぼちゃ／にんじん／ピーマン／キャベツ／セロリ

ごぼうとキャベツの梅コールスロー

梅干しのキリッとした酸味とマヨネーズのコクで、食物繊維豊富な野菜をたっぷり食べて。よくかんで食べるサラダなのでお腹も満たされます。

【材料（2皿分）】

ごぼう … 200g（1と1/3本）
キャベツ … 100g（葉5～6枚）
オクラ … 80g（10本）
梅干し … 2個
塩 … 少量
マヨネーズ … 大さじ3
砂糖 … 小さじ1

【作り方】

1 ごぼうとキャベツはせん切りにする。梅干しは種をとり、包丁などで実をたたく。

2 鍋にたっぷり沸かした湯でオクラを1分ほどゆで、水けをきったら、1cm幅に斜め切りにする。同じ湯でごぼうを2分ほどゆで、水けをきる。

3 ボウルにキャベツを入れ、塩もみする。水けが出てきたら絞る。

4 **3**に**2**、梅干し、マヨネーズ、砂糖を加えて和える。

焼きごぼうとオクラの雑穀サラダ

しっかり焼いたごぼうのほっくり感に、雑穀の食感がアクセント。
スイートチリソースにヨーグルトを合わせたすっきりソースで。

【材料（2皿分）】

ごぼう … 200g（1と1/3本）
オクラ … 80g（10本）
キャベツ … 100g（葉5〜6枚）
雑穀米 … 30g
薄力粉 … 大さじ1
ごま油 … 大さじ1
A［スイートチリソース … 大さじ2
ヨーグルト（無糖）… 大さじ2
塩 … ひとつまみ

【作り方】

1　ごぼうは縦に4等分に切り、さらに5cm長さに切って、薄力粉をまぶす。フライパンにごま油を入れて中火にかけ、焼き色がつくまでごぼうを焼く。

2　たっぷり沸かした湯でオクラを1分ほどゆでる。水けをきり、1cm幅の小口切りにする。

3　**2**と同じ湯で雑穀米を15分ほどゆで、ざるにあげる。

4　キャベツは3〜4cm大に切る。

5　ボウルで**3**と**4**を和えて器に盛り、上から**1**と**2**をのせる。**A**をよく混ぜ合わせてかける。

鶏ひき肉とごぼうの塩ミネストローネ

鶏肉の旨味で煮込むシンプルでやさしい味。スープが透き通ってきたら野菜の入れどき。仕上げにチーズでコクをプラスして。

【材料（2皿分）】

鶏ひき肉…150g
ごぼう…200g（1と1/3本）
キャベツ…100g（葉5〜6枚）
オクラ…80g（10本）
水…600mℓ
白ワイン（または酒）…大さじ2
塩…小さじ1
オリーブオイル…小さじ1
粉チーズ…好みで

【作り方】

1 ごぼうは1cm角に切る。キャベツは2cm角に切る。オクラは小口切りにする。

2 鍋に水とごぼうを入れて中火にかける。沸騰したら、鶏ひき肉、白ワイン、塩を入れ、ひき肉がそぼろ状になるようにへらで混ぜながら、3分ほど煮込む。アクが出たらとる。

3 スープが透き通ってきたら、キャベツ、オクラを入れ、2〜3分煮込む。

4 器に注ぎ、オリーブオイルを回し入れ、好みで粉チーズをふる。

腸内環境を整える
しいたけ×しめじ×長ねぎ

きのこ類は、分類では野菜ではないけれど、栄養満点で、水溶性、不溶性どちらの食物繊維も多い。食物繊維は、食後の血糖値の急激な上昇を抑え、やせやすい体質に導く。特にきのこなど不溶性食物繊維が多い食材は、かみごたえがあるので、早食いや食べ過ぎ防止にも。腸内環境が悪いとストレス耐性も低くなりがちなので、食物繊維を意識してとりたい。長ねぎは風邪予防にも。

ささみときのこのカレー塩和え

みじん切りにした塩昆布は万能調味料。旨味と塩けが味を決めてくれます。美容成分たっぷりのカレー粉を合わせれば、オリエンタルな風味に。

【材料（2皿分）】

鶏ささみ … 100g（2本）
しいたけ … 150g（10個）
しめじ … 100g（1パック）
長ねぎ … 120g（1本）
酒 … 大さじ1
A
- 塩昆布 … 大さじ2（みじん切り）
- カレー粉 … 小さじ1
- オリーブオイル … 小さじ2

【作り方】

1　鶏ささみはフォークを刺して全体に穴を開ける。耐熱ボウルに入れて酒をもみ込み、ふんわりとラップをし、電子レンジで2分加熱する。粗熱がとれたら、食べやすい大きさにさく。

2　しいたけは7mm幅に切る。しめじはほぐす。しいたけとしめじを水でさっとぬらして耐熱ボウルに入れ、ふんわりとラップをし、電子レンジで1分30秒加熱する。いったん取り出して混ぜ合わせ、さらに1分30秒加熱したら、水けをきる。

3　長ねぎは斜め薄切りにする。

4　ボウルで**1**、**2**、**3**、**A**をよく和える。

＊長ねぎは、水に3分ほどさらして水けをきると、辛さがやわらぎます。

NORDIC

豆腐ときのこのふわふわスープ

きのこの旨味がたっぷり。食欲がないときも食べやすいあっさり味。
スープが沸騰した状態で溶き卵を入れると、ふわふわの仕上がりに。

【材料（2皿分）】

豆腐（絹）… 150g（1/2丁）
しいたけ … 150g（10個）
しめじ … 100g（1パック）
長ねぎ … 120g（1本）
だし汁 … 600mℓ
塩 … 小さじ1
溶き卵 … 1個分
<水溶き片栗粉>
　片栗粉 … 大さじ1
　水 … 大さじ2
ごま油 … 大さじ1

【作り方】

1　豆腐は1.5cm角に切る。しいたけは5mm幅の薄切りにする。しめじはほぐす。長ねぎはみじん切りにする。

2　鍋にごま油を中火で熱し、長ねぎを炒める。

3　だし汁、豆腐、しいたけ、しめじを入れ、弱めの中火で3〜4分加熱する。

4　いったん火を強め、スープにぼこぼこと気泡が出ている状態のうちに、溶き卵をそっと流し入れる。中火に戻し、その状態で20秒ほど置いてから、やさしく混ぜ合わせる。

5　塩で味を調え、水溶き片栗粉をゆっくりと回し入れ、とろみがついたら火を止める。

ひじきときのこの梅酢炒め

**ひじきはカルシウムや食物繊維が豊富。渋めの食材を梅酢で
さっぱり炒めに。長ねぎはしっかりと表面を焼くと、甘さが際立ちます。**

【材料（2皿分）】

芽ひじき … 大さじ2
しいたけ … 150g（10個）
しめじ … 100g（1パック）
長ねぎ … 120g（1本）
梅干し … 2個
酢 … 大さじ2
しょうゆ … 小さじ2
サラダ油 … 小さじ2

【作り方】

1 芽ひじきは水で戻し、水けをきる。しいたけは半分に切る。しめじはほぐす。長ねぎは3cm長さに切る。梅干しは種をとり、実をたたく。

2 フライパンにサラダ油を中火で熱し、長ねぎを炒める。焼き色がついたら、ひじき、しいたけ、しめじを加えて炒める。

3 しんなりとしたら、梅干し、酢、しょうゆを入れ、全体に味がなじむようにさっと炒める。

貧血予防

とうもろこし×アスパラガス×小松菜

貧血は主に鉄や葉酸の不足から起こる。鉄が不足するとヘモグロビンが十分につくられず、酸素を運ぶ力が弱まり、めまいや疲労につながる。肉や魚に多いヘム鉄は吸収されやすいので、野菜と合わせてとりたい。葉酸は赤血球の形成をサポート。3つの野菜で鉄と葉酸を補って。

【葉酸を含む主な野菜】
菜の花／アスパラガス／ブロッコリー／とうもろこし／ほうれん草／オクラ／春菊／カリフラワー／小松菜／ゴーヤ／枝豆／モロヘイヤ

【鉄分を含む主な野菜】
小松菜／春菊／小ねぎ／えのきだけ／ブロッコリー／ほうれん草

あさりと焼きとうもろこしのしょうゆバター炒め

ビールに合うしょうゆバター味。しっかり蒸して、あさりの旨味を引き出します。とうもろこしを最初に炒めると、具全体に香ばしさが広がります。

【材料（2皿分）】

あさり（砂抜き済みのもの）… 250g
とうもろこし
　… 220g（1/2本／水煮コーンでも可）
アスパラガス … 90g（3本）
小松菜 … 50g（1株）
酒 … 大さじ2
バター … 大さじ1
しょうゆ … 小さじ2
チリパウダー … 小さじ1/4

【作り方】

1　とうもろこしは実をそぐ。アスパラガスは5mm幅の斜め切りにする。小松菜は3cm長さに切る。

2　フライパンを中火にかけてバターを溶かし、とうもろこしとアスパラガスを炒める。焼き色がついたら、あさりと酒を入れ、フタをする。

3　あさりの口が開いたら、小松菜、しょうゆを入れ、しんなりするまで炒める。チリパウダーをふり、さっと混ぜる。

鶏肉とアスパラガスの明太チャウダー

野菜の甘さが溶け込んだ、豆乳仕立てのチャウダー。
明太子を混ぜながら食べるので、塩は少し足りないくらいがいい塩梅《あんばい》です。

【材料（2皿分）】

鶏もも肉 … 250g（1枚）
アスパラガス … 90g（3本）
とうもろこし
… 220g（1/2本／水煮コーンでも可）
小松菜 … 50g（1株）
明太子 … 40g（1腹）
水 … 300mℓ
白ワイン（または酒）… 大さじ1
塩 … 小さじ1/2
豆乳 … 300mℓ

【作り方】

1 鶏もも肉は食べやすい大きさに切る。アスパラガスは1cm長さに切る。とうもろこしは実をそぐ。小松菜は3cm長さに切る。明太子は身をこそげとる。

2 鍋に水を入れて中火にかける。沸騰したら鶏肉、アスパラガス、とうもろこし、白ワイン、塩を入れ、弱めの中火にし、10分ほど煮込む。アクが出たらとる。

3 小松菜を加えて、くったりしたら豆乳を加えて温める。沸騰する直前で火を止め、器に注ぎ、明太子をのせる。

鮭と小松菜のブールマニエグリル

抗酸化成分たっぷりの鮭を使って。ブールマニエは、とろみをつける小麦粉とバターのこと。ごろごろ食材にソースがからみやすくなります。

【材料（2皿分）】

甘塩鮭（切り身）… 200g（2切れ）
小松菜 … 50g（1株）
とうもろこし
　… 220g（1/2本／水煮コーンでも可）
アスパラガス … 90g（3本）
カマンベールチーズ
　… 50g（市販の円盤状の半量）
バター … 大さじ2
薄力粉 … 大さじ2
塩 … 小さじ1/4

【作り方】

1　甘塩鮭の切り身は4等分に切る。小松菜は3～4cm長さに切る。とうもろこしは実をそぐ。アスパラガスは4cm長さに切る。

2　バターをボウルに入れ、常温に戻す。薄力粉を加え、なめらかになるまで混ぜ合わせる。さらに**1**、塩を加えて和える。

3　耐熱皿に、野菜、鮭の順に盛り、カマンベールチーズをちぎってのせる。230℃に予熱したオーブンで20分焼く。

むくみを解消
たけのこ×セロリ×ほうれん草

むくみの原因の一つが塩分のとりすぎ。体内の塩分濃度を下げるために水分をとり込む働きが、むくみにつながる。気になるときは、塩分を控えつつ、塩分（ナトリウム）を排出する働きのあるカリウムが豊富な野菜を。カリウムは水に溶けやすいので、スープにするのもおすすめ。

【カリウムを含む主な野菜】
長いも／里いも／さつまいも／ほうれん草／小松菜／かぼちゃ／たけのこ／じゃがいも／セロリ／にら／枝豆

鶏肉とたけのこ、ほうれん草のごまスープ

セロリの爽やかさとしゃきしゃき感をおいしく残しつつ。鶏肉は表面をしっかり焼くと皮の脂がスープに溶け出し、旨味と香ばしさが広がります。

【材料（2皿分）】

鶏もも肉…250g（1枚）
たけのこ（水煮）…150g
ほうれん草…100g（3～4株）
セロリ（茎）…100g（1本）
だし汁…500mℓ
塩…小さじ1/4
ごま油…小さじ2
A ［すりごま（白）…大さじ2
ポン酢…大さじ3
黒こしょう…小さじ1/2］

【作り方】

1 鶏もも肉は2～3cm大に切る。たけのこは5mm厚さに切る。ほうれん草は3～4cm長さに切る。セロリは小口切りにする。

2 鍋にごま油を中火で熱し、鶏もも肉の皮目に焼き色がつくまで焼く。

3 **2**にたけのことセロリを入れ、さっと炒めたら、だし汁と塩を加える。

4 スープが温まったら、**A**を加えて5～6分、弱めの中火で沸騰しない程度に温める。ほうれん草を入れ、くったりとしたら火を止める。

厚揚げとたけのこの黒酢バター

カリッとさせた厚揚げや野菜を、とろみのあるタレが温かく包みこんで。
バターと、天然アミノ酸の宝庫の黒酢で、さっぱりとしたコクがおいしい。

【材料（2皿分）】

厚揚げ … 150g（1枚）
たけのこ（水煮）… 150g
ほうれん草 … 100g（3～4株）
セロリ（茎）… 100g（1本）
サラダ油 … 小さじ2
A
- 黒酢 … 大さじ2
- しょうゆ … 大さじ1
- 砂糖 … 小さじ2
- 片栗粉 … 小さじ1

バター … 小さじ2

【作り方】

1 厚揚げは縦半分に切り、5～7mm厚さに切る。たけのこは2cm大の乱切りにする。ほうれん草は3～4cm長さに切る。セロリは斜めに薄切りにする。

2 フライパンにサラダ油を中火で熱し、厚揚げ、たけのこ、セロリを炒める。厚揚げに焼き色がついたら、ほうれん草と**A**を加え、さらに炒める。

3 ほうれん草がしんなりとしたら、バターを加え、全体にからめる。

ツナとセロリの和風とろろグラタン風

こってりしがちなグラタンも、とろろを入れると、野菜のほろ苦さと合わさって、ふんわり、さっぱり。具は味噌炒めにしてから使います。

【材料（2皿分）】

ツナ缶（ノンオイル）… 70g（1缶）
セロリ（茎）… 100g（1本）
たけのこ（水煮）… 150g
ほうれん草 … 100g（3～4株）
とろろ … 80g
ピザ用チーズ … 60g
味噌 … 大さじ2
マヨネーズ … 大さじ2
ごま油 … 小さじ2

【作り方】

1 セロリ、たけのこは1cm角に切る。ほうれん草は2cm長さに切る。

2 フライパンにごま油を中火で熱し、セロリ、たけのこを炒める。

3 焼き色がついてきたら、味噌を入れて全体になじませる。ほうれん草を加えて炒め、しんなりとしたら火を止め、粗熱をとる。

4 3に汁けをきったツナとマヨネーズを加えて和える。耐熱皿に移し、とろろ、ピザ用チーズの順に、全体を覆うようにのせる。

5 オーブントースターで5～6分焼く。

体を温める
かぶ×玉ねぎ×長ねぎ

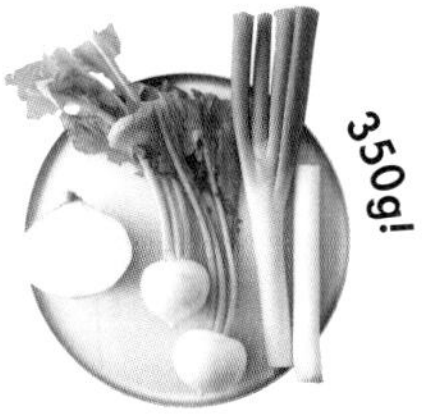

根菜など土の中で育つ食材には、秋から冬が旬のものが多く、体を温める働きがある。それは、血行を促進するビタミンEや、たんぱく質を熱に変え、体を温める働きをもつミネラルが豊富で、水分も少ないため。そんな野菜を組み合わせたスープや煮込みを取り入れて、温活を。

【体を温める主な野菜】
かぼちゃ／ごぼう／にんじん／玉ねぎ／れんこん／かぶ／ねぎ／しょうが

ソーセージとかぶとねぎのカレーポトフ

野菜は煮崩れないよう、大きく切るのがポトフの定番。洋風なのに、だし汁とカレー粉で、蕎麦屋のカレー的な、どこかほっとする味。

【材料（2皿分）】

ハーブソーセージ…4本
かぶ（根）…160g（小2個）
玉ねぎ…100g（1/2個）
長ねぎ…120g（1本）
しょうが…10g（1片）
A
- だし汁…600mℓ
- ローリエ…1枚
- カレー粉…小さじ1
- 塩…小さじ1/3〜1/2

オリーブオイル…小さじ2

【作り方】

1 かぶは縦半分に切り、さらに横半分に切る。玉ねぎは1cm厚さのくし形に切る。長ねぎは4cm長さに切る。しょうがは薄切りにする。

2 鍋にオリーブオイルを中火で熱し、かぶと長ねぎを表面に焼き色がつくまで焼く。

3 ソーセージ、玉ねぎ、しょうが、**A**を加えてフタをし、弱めの中火で10分ほど加熱する。味が足りなければ塩（分量外）で調える。

＊かぶの葉を使う場合は、3〜4cm長さに切り、できあがり直前に加え2〜3分温めます。

牛ひき肉とかぶのボロネーゼ

**かぶの甘みとトマトの酸味が絶妙で、簡単なのに本格的。にんにくを
じっくり炒めて煮込むと風味がアップ。パスタやリゾットなどアレンジ自在。**

【材料（2皿分）】

牛ひき肉 … 140g
かぶ（根）… 160g（小2個）
玉ねぎ … 100g（1/2個）
長ねぎ … 120（1本）
にんにく … 10g（1片）
カットトマト缶 … 400g（1缶）
塩 … 小さじ2/3
粗びき黒こしょう … 小さじ2/3
オリーブオイル … 大さじ1と1/2

【作り方】

1 かぶ、玉ねぎは1cm角に切る。長ねぎは粗みじんに切る。にんにくはみじん切りにする。

2 フライパンにオリーブオイルを弱火で熱し、にんにくを炒める。香りが立ってきたら、かぶ、玉ねぎ、長ねぎを入れて炒める。全体にうっすらと焼き色がついてきたら牛ひき肉を加え、そぼろ状になるまでヘラで混ぜながら炒める。

3 カットトマト（汁ごと）、塩、粗びき黒こしょうを加え、弱めの中火で10分煮込む。

＊かぶの葉を使う場合は、小口切りにし、できあがり直前に加え、2〜3分温めます。

さばそぼろとかぶの味噌担々

**中性脂肪などを減らす不飽和脂肪酸が豊富なさばは、味噌煮缶で手軽に。
さばに味が付いているので、使う調味料はシンプル。かぶもジューシー。**

【材料（2皿分）】

さば味噌煮缶 … 200g（1缶）
かぶ（根）… 160g（小2個）
玉ねぎ … 100g（1/2個）
長ねぎ … 120g（1本）
おろししょうが … 大さじ1
A 水 … 300mℓ
味噌 … 大さじ1
豆板醤 … 小さじ1/2
花椒《ホアジャオ》 … 少量

【作り方】

1 かぶは縦に4等分に切る。玉ねぎは1cm角に切る。長ねぎは小口切りにする。

2 鍋にさば味噌煮（汁ごと）、玉ねぎ、おろししょうがを入れて中火にかける。さばをほぐしながら炒める。

3 かぶ、**A**を加え、8～9分煮込む。長ねぎを加えてさっと和え、花椒をふって火を止める。

＊かぶの葉を使う場合は、小口切りにし、できあがる直前に加え、2～3分温めます。

体を冷やす
トマト×ズッキーニ×枝豆

やる気もなくしそうな暑い日は、体の中から冷やしてくれる野菜を。特に夏野菜には水分が多く、体を冷やす働きがある。また、水分バランスを整えるカリウムも豊富なので、脱水症状の予防にも。野菜からも水分補給して、暑さに負けない体に。

【水分が多い主な野菜】
なす／ズッキーニ／トマト／きゅうり／もやし／レタス／大根／白菜

ケサケイト

フィンランドの夏の定番スープ。ここでは夏野菜をたっぷり使って、牛乳仕立てのやさしい味に。温かいままでも、冷たくしてもおいしいです。

【材料（2皿分）】

トマト … 150g（1個）
ズッキーニ … 100g（1/2本）
むき枝豆（冷凍）… 100g
カリフラワー … 100g（4～5房）
牛乳 … 300mℓ
薄力粉 … 大さじ2
水 … 200mℓ
洋風スープの素（顆粒）… 小さじ2
塩 … 小さじ1/4
砂糖 … 小さじ1/4
ディル … 適量

【作り方】

1 トマトは2cm角に切る。ズッキーニは小さめの乱切りにする。枝豆は解凍する。カリフラワーは小房に分ける。

2 牛乳と薄力粉をよく混ぜ合わせる。

3 鍋に水、洋風スープの素、ズッキーニ、枝豆、カリフラワーを入れてフタをし、中火で4分加熱する。トマト、塩、砂糖を加えてさっと混ぜ合わせる。

4 **3**に**2**をゆっくりと注ぎ入れ、弱めの中火で加熱する。野菜がくったりとしたら火を止め、器に注ぎ、ディルを添える。

鶏肉とズッキーニのガーリックトマト炒め

鶏肉は薄力粉をまぶし、肉汁の旨味を閉じ込めながらカリッと焼いて。
トマトは旨味成分のグルタミン酸を含むので、味付けは塩だけで十分おいしい。

【材料（2皿分）】

鶏もも肉 … 250g（1枚）
トマト … 150g（1個）
ズッキーニ … 100g（1/2本）
むき枝豆（冷凍）… 100g
にんにく … 10g（1片）
薄力粉 … 大さじ1
塩 … 小さじ1/3
オリーブオイル … 大さじ1

【作り方】

1　鶏もも肉は3〜4cm大に切る。塩少量（分量外）をもみ込み、薄力粉をまぶす。

2　トマトはくし形に切る。ズッキーニは縦半分に切り、5mm幅の斜め切りにする。枝豆は解凍する。にんにくは薄切りにする。

3　フライパンにオリーブオイルを中火で熱し、にんにく、鶏肉を皮目を下にして入れ、焼く。

4　カリッと焼けたらにんにくをいったん取り出し、鶏肉を返す。フタをして、弱めの中火で3分ほど、蒸し焼きにする。

5　ズッキーニを加えて中火にし、炒める。トマト、枝豆を入れ、にんにくを戻し入れ、塩をふり、トマトの表面がくったりするまで炒める。

ひよこ豆と夏野菜のチョップドサラダ、バナナドレッシング

バナナドレッシングのさわやかな甘さがクセになるサラダ。
具を同じサイズに揃えると、一口でいろんな食感や味が楽しめます。

【材料（2皿分）】

ひよこ豆（水煮）… 50g
トマト … 150g（1個）
むき枝豆（冷凍）… 100g
ズッキーニ … 100g（1/2本）
アーモンド … 10粒
塩 … ひとつまみ

バナナドレッシングの材料

バナナ … 1本
ヨーグルト（無糖）… 大さじ4
オリーブオイル … 小さじ1
塩 … ひとつまみ

【作り方】

1　トマトは角切りにする。枝豆は解凍する。

2　ズッキーニは1cm角に切り、塩をもみ込む。しんなりとしたら水に3分ほど浸し、水けをきる。

3　バナナドレッシングを作る。バナナはフォークなどでペースト状になるまでつぶし、ヨーグルト、オリーブオイル、塩と混ぜ合わせる。

4　器に、**1**、**2**、ひよこ豆を盛り、アーモンドを散らし、**3**をかける。

Column

一年で2500食
管理栄養士&料理家がつくる
社員食堂のランチ

「野菜たっぷり！ で、おいしくてワクワクする定食」をコンセプトに、IT企業の社員食堂の献立をつくっています。基本はサラダ、メイン、副菜2種、汁物、ごはんと決めています。

◎サラダは彩りを意識します。紫キャベツや赤パプリカが入り、目にも鮮やかになるので、よく使います。

◎メインはたんぱく質と野菜を組み合わせて。大きく切って、かみごたえがあると、少ない量で満腹になりやすいです。

◎副菜は細かく切って箸でつかみにくくし、早食い防止を心がけています。

◎汁物の野菜は、基本は皮ごと使います。皮にこそ栄養があり、汁物だと皮があっても食べやすくなります。

定食は栄養をとるだけでなく、和・洋・中・エスニックとバラエティー豊富な味付けにし、食感や旬の味わい、温冷の感触など創意工夫で毎日食べても飽きないように考えています。

〈ある日の社食〉

夏野菜たっぷりの冷凍用社食弁当。リモートワークの社員向けに宅配。

・彩りサラダ
・揚げめかじきと野菜のしょうが餡
・きゅうりとわかめの明太和え
・オクラとキムチのマリネ
・7種野菜のバジルスープ
・雑穀ごはん

・彩りサラダ
・豚肉とニラのスタミナ炒め
・にんじんの和風しりしり
・きゅうりのぬか漬け
・ししとうとアスパラの味噌汁
・ごはん

・彩りサラダ
・鶏肉とパプリカのエスニック炒め
・ごぼうのきんぴら炒め
・キムチと小松菜の和え物
・4種のきのこのナンプラースープ
・ごまごはん

Instagram　@edajunshokudo

Part3

4つの野菜で350gがとれるレシピ

［料理別］

サラダや蒸し料理、冷凍スープや常備菜など、よりヘルシーに食べられる、忙しい毎日にあると便利な料理別のレシピ。ここでは4つの野菜を組み合わせています。余った野菜を使いきるのにも便利です。

和えるおかず
紫キャベツ×パプリカ×クレソン×玉ねぎ

オレンジや赤にはカロテノイド、緑色にはクロロフィル、紫にはアントシアニン、白にはイソチオシアネートなど、野菜には色ごとに特徴的な栄養素があり、いろんな色の野菜を食べれば、自然と栄養バランスが整う。カラフルな4色の野菜を和えて、毎日の栄養素を底上げして。

ささみと彩り野菜のはるさめ和え

ナンプラーとライムでタイ風に。低GI値のはるさめ、高たんぱく・低カロリーなささみを合わせれば、お腹も満たされ、ダイエットにもおすすめ。

【材料（2皿分）】

鶏ささみ…100g（2本）
紫キャベツ…150g（小1/4個）
パプリカ（赤）…100g（小1個）
クレソン…60g（10本）
玉ねぎ…50g（1/4個）
緑豆はるさめ…40g
酒…大さじ1
塩…ひとつまみ

A
- ライム汁…1個分
- ナンプラー…大さじ2
- 砂糖…小さじ2
- おろししょうが…小さじ2
- 水…大さじ1

【作り方】

1 鶏ささみはフォークを刺して全体に穴を開ける。耐熱ボウルに入れて酒をもみ込み、ふんわりとラップをかけ、電子レンジで2分加熱する。粗熱がとれたら、食べやすい大きさにさく。

2 紫キャベツはせん切りにして塩でもみ、水けが出たらきる。パプリカは細切りにする。クレソンは2〜3cm長さに切る。玉ねぎは薄切りにし、水に2〜3分ほどさらし、水けをきる。

3 小鍋に湯を沸かし、はるさめを2分ほど（もしくは表示時間通りに）ゆでる。流水で洗って水けをきり、食べやすい長さに切る。

4 ボウルに**1**〜**3**を入れ、**A**をよく混ぜ合わせて和える。

ひき肉と紫キャベツ、
クレソンの押し麦和え

野菜をオイスターソースとバターで炒めるとコクが出て、野菜だけでも満足度高。食物繊維豊富な押し麦と混ぜながら食べれば、腹持ちもよし。

【材料（2皿分）】

押し麦 … 40g
合びき肉 … 100g
紫キャベツ … 150g（小1/4個）
パプリカ（赤）… 100g（小1個）
クレソン … 60g（10本）
玉ねぎ … 50g（1/4個）
バター … 大さじ1
酒 … 大さじ1
オイスターソース … 大さじ2
粗びき黒こしょう … 少量

【作り方】

1 鍋にたっぷりの湯を沸かし、押し麦を15分ほどゆで、水けをきる。

2 紫キャベツ、パプリカは1cm角に切る。クレソンは2〜3cm長さに切る。玉ねぎは薄切りにする。

3 フライパンを中火にかけてバターを溶かし、紫キャベツ、パプリカ、玉ねぎを炒める。しんなりとしてきたら、ひき肉を入れ、そぼろ状になるまでヘラで混ぜながら炒める。

4 ひき肉に半分ほど火が通ったら酒を回し入れ、クレソンを加えてさっと和える。オイスターソース、粗びき黒こしょうを入れてさっと混ぜ、火を止める。

5 器に**1**と**4**を盛り、混ぜながらいただく。

簡単サラダ

水菜×きゅうり×大根×かいわれ大根

体内で、消化・吸収、代謝などの生命活動に関わる酵素。体内酵素は年齢とともに減り、食材の酵素は加熱調理をすると死滅するので、生野菜から補いたいもの。アミラーゼなどの消化酵素が豊富な大根などを使ったフレッシュなサラダがおすすめ。酵素は空腹時に食べると吸収が早いので、ベジファーストで。

水菜ときゅうり、大根のクリームチーズサラダ

みずみずしい野菜にからんだ塩昆布、仕上げのかつお節の旨味、クリームチーズのコクで、野菜がどんどん進みます。

【材料（2皿分）】

水菜 … 90g（3株）
きゅうり … 100g（1本）
大根 … 120g（4cm 程度）
かいわれ大根 … 50g（1パック）
クリームチーズ … 50～60g
A［塩昆布 … 大さじ1（みじん切り）
　マヨネーズ … 大さじ3
　すりごま（白）… 小さじ2
　牛乳 … 大さじ1
かつお節 … 適量

【作り方】

1　水菜は3cm 長さに切る。きゅうりは縦半分に切り、斜め薄切りにする。大根はせん切りにする。かいわれ大根は根元を切る。クリームチーズは1cm 角に切る。

2　1を和えて器に盛り、**A**をよく混ぜ合わせてかけ、かつお節をのせる。

ツナと水菜ときゅうりのサルモリーリオサラダ

南イタリアのサルモリーリオソースは香りがよく、どんな食材にも合う万能な味。ツナ缶でたんぱく質も手軽にプラス。

【材料（2皿分）】

ツナ缶（ノンオイル）… 70g（1缶）
水菜 … 90g（3株）
きゅうり … 100g（1本）
大根 … 120g（4cm 程度）
かいわれ大根 … 50g（1パック）
A［レモン汁 … 大さじ1
　オレガノパウダー … 小さじ1/2
　塩 … 小さじ1/3
　オリーブオイル … 大さじ1

【作り方】

1　水菜は3cm 長さに切る。きゅうりは縦半分に切り、斜め薄切りにする。大根はいちょう切りにする。かいわれ大根は根元を切る。

2　1を和えて器に盛り、汁けをきったツナをのせ、**A**をよく混ぜ合わせてかける。

ツナと水菜ときゅうりの
サルモリーリオサラダ

水菜ときゅうり、大根の
クリームチーズサラダ

まぐろと水菜の和アジアンサラダ

梅ポン酢にナンプラーとごま油を合わせれば、程よくエスニックな風味に。
大根はピーラーでリボン状にそぐと食べごたえが出ます。

【材料（2皿分）】

まぐろ（刺身用）… 100g
水菜 … 90g（3株）
きゅうり … 100g（1本）
大根 … 120g（4cm程度）
かいわれ大根 … 50g（1パック）

A
- 梅干し
  … 1個（種をとり、実をたたく）
- ポン酢 … 大さじ3
- ナンプラー … 小さじ2
- ごま油 … 小さじ2

【作り方】

1 まぐろは1cm角に切る。水菜は3cm長さに切る。きゅうりは1cm角に切る。大根はピーラーで薄くそぐ。かいわれ大根は根元を切る。

2 器に水菜、大根、かいわれ大根を盛り、その上にまぐろ、きゅうりをのせる。**A**をよく混ぜ合わせてかける。

冷凍できるスープ

れんこん×セロリ×にんじん×長ねぎ

忙しい毎日、「帰るとスープがある」と思うと、ちょっとほっとするもの。おなじみの野菜でつくるおかずスープを冷凍しておけば、いつでも野菜がたっぷりとれるのもうれしい。冷凍するときは粗熱をとり、密閉できる保存容器か冷凍用の保存袋に1食分ずつ小分けして保存を。冷凍庫で1カ月保存可能。

鶏肉と根菜のアラビアータ風スープ

**パスタでおなじみのピリ辛トマトソースをスープにアレンジ。
鶏肉は小さめに切って煮込み、旨味を引き出します。**

【材料（4皿分）】

鶏もも肉 … 250g（1枚）
れんこん … 150g（小1節）
セロリ … 70g（小1本）
にんじん … 100g（1/2本）
長ねぎ … 60g（1/2本）
にんにく … 5g（1/2片）
オリーブオイル … 小さじ2
A
- カットトマト缶 … 400g（1缶／汁ごと）
- 水 … 600mℓ
- 鷹の爪 … 1本
- 酒 … 大さじ1
- 塩 … 小さじ1

【作り方】

1 鶏もも肉は2cm大に切る。れんこん、セロリ、にんじんは1cm角に切る。長ねぎ、にんにくはみじん切りにする。

2 鍋にオリーブオイルを弱火で熱し、にんにくを炒める。香りが立ってきたら、鶏肉、れんこん、セロリ、にんじん、長ねぎを入れ、焼き色がつくまで炒める。

3 **A**を加え、弱めの中火で10分ほど煮込む。

あさりと根菜のゆずこしょうスープ

あさりの旨味たっぷりの具だくさんスープ。ゆずこしょうは仕上げに溶き入れると、キリっとした香りと風味が味わえます。

【材料（4皿分）】

あさりのむき身（冷凍でも可）… 150g
れんこん … 150g（小1節）
セロリ … 70g（小1本）
にんじん … 100g（1/2本）
長ねぎ … 60g（1/2本）
しょうが … 10g（1片）
だし汁 … 1ℓ
酒 … 大さじ1
塩 … 小さじ1
ゆずこしょう … 小さじ1/2

【作り方】

1 れんこんはいちょう切りにし、水に10分ほどさらして水けをきる。セロリは斜め薄切りにする。にんじんはいちょう切りにする。長ねぎは小口切りにする。しょうがはみじん切りにする。

2 鍋にだし汁を沸かす。沸騰したら弱めの中火にし、あさり、**1**、酒、塩を入れ、8分ほど煮込む。アクが出てきたらとる。

3 具材に火が通ったら、ゆずこしょうを溶き入れる。

＊冷凍あさりを使う場合はあらかじめ解凍してください。

ヘルシーな蒸し料理
キャベツ×ブロッコリー×しめじ×スナップエンドウ

野菜は加熱するとかさが減り、一度により多く食べられるので、「1日350g」もクリアしやすい。蒸し野菜にすれば、他の調理法よりも栄養の流出が抑えられ、さらに野菜本来の味や香りが引き出されて、よりおいしく味わえる。好みに合わせて味変しながら食べられるのも楽しい。

豚肉と野菜の旨辛フライパン蒸し

桜えびと一緒に蒸すと、野菜の風味がより増します。フライパンで蒸すと仕上がりが水っぽくなりにくいです。旨辛ダレもおいしい。

【材料（2皿分）】

豚バラ薄切り肉 … 100g
キャベツ … 100g（葉5〜6枚）
ブロッコリー … 130g（1/2個）
しめじ … 100g（1パック）
スナップエンドウ … 30g（6個）
桜えび … 大さじ2
A
- コチュジャン … 大さじ2
- しょうゆ … 大さじ2
- ごま油 … 小さじ2

【作り方】

1 豚バラ肉は5〜6cm長さに切る。キャベツは3〜4cm角に切る。ブロッコリーは小房に分ける。しめじは石づきをとってほぐす。スナップエンドウは筋をとり、斜めに3等分に切る。

2 深めのフライパンに1cmの深さになるまで水を入れ、フライパンの直径より大きいクッキングシートをしく。上からキャベツ、ブロッコリー、しめじを入れ、その上にスナップエンドウ、桜えび、豚肉の順に重ね、中火で加熱する。水が沸騰したら弱めの中火にし、フタをして10分ほど蒸す。

3 器に盛り、**A**をよく混ぜ合わせてかける。

4つの野菜のガーリックオイスター蒸し

野菜を大きく切った、ごちそう蒸し。蒸しているので、見た目以上に食べられます。
オイスターソースベースのタレは酸味もコクも楽しめます。

【材料（2皿分）】

キャベツ … 100g（葉5〜6枚）
ブロッコリー … 130g（1/2個）
しめじ … 100g（1パック）
スナップエンドウ … 30g（6個）
にんにく … 10g（1片）
A
- 酢 … 大さじ3
- オイスターソース … 大さじ1と1/2
- 砂糖 … 小さじ1

いりごま（黒）… 小さじ1

【作り方】

1 キャベツは大きくくし形切りにする。ブロッコリーは小房に分ける。しめじはほぐす。スナップエンドウは筋をとる。にんにくは薄切りにする。

2 深めのフライパンに1cmの深さになるまで水を入れ、フライパンの直径より大きいクッキングシートをしく。**1**をのせ、中火で加熱する。水が沸騰したら弱めの中火にし、フタをして10分ほど蒸す。

3 器に盛り、**A**をよく混ぜ合わせてかけ、いりごまをふる。

あると助かる常備菜

ピーマン×ズッキーニ×にんじん×枝豆

350g!

時間があるときにつくっておくと便利な常備菜。そのまま食べたり、パスタやごはんにのっけたり、サラダに加えたりと、アレンジも自在。栄養たっぷりの緑黄色野菜を使った常備菜は、時間が経つほど味がこなれて、しみじみおいしい。

せん切り野菜の青じそマリネ

だし汁でマリネしてつくる常備菜。青じそ風味で、さっぱり食べられます。良質なたんぱく源の枝豆もたっぷり。

【材料（2皿分）】

ピーマン … 120g（3個）
ズッキーニ … 100g（1/2本）
にんじん … 100g（1/2本）
むき枝豆（冷凍）… 30g
塩 … 小さじ1/2
A ┌ 大葉 … 10枚（みじん切り）
　│ だし汁 … 100mℓ
　│ オリーブオイル … 大さじ2
　│ レモン汁 … 大さじ1
　└ 砂糖 … 小さじ2

【作り方】

1　ピーマン、ズッキーニ、にんじんはせん切りにする。枝豆は解凍する。

2　ボウルに**1**を入れ、塩もみする。少し置いて、水分が出たら絞る。

3　**A**を加えてよく和え、冷蔵庫で半日漬ける。

＊冷蔵庫で3～4日保存可。

たっぷり野菜の薬膳風ドライカレー

野菜の旨味をしっかり吸ったひき肉がジューシー。カレー粉と五香粉、この2つで8種類以上のスパイスが使えます。

【材料（2皿分）】

合びき肉…100g
ピーマン…120g（3個）
ズッキーニ…100g（1/2本）
にんじん…100g（1/2本）
むき枝豆（冷凍）…30g
塩…ひとつまみ
ごま油…大さじ1
A ［カレー粉…大さじ1
五香粉…小さじ1
酒…小さじ2
ウスターソース…大さじ1］

【作り方】

1 ピーマン、ズッキーニ、にんじんは5mm角に切る。枝豆は解凍する。

2 フライパンにごま油を中火で熱し、ピーマン、ズッキーニ、にんじんを炒める。野菜がしんなりしてきたらひき肉と塩を入れ、ヘラで混ぜながらそぼろ状になるように炒める。

3 枝豆と**A**を加え、汁けがなくなるまで炒める。

＊冷蔵庫で4～5日保存可。

本書で使う主な食材 INDEX

エダジュン

料理家／管理栄養士

１９８４年東京都生まれ。株式会社スマイルズでSoup Stock Tokyoの本部業務に携わった後、２０１３年に独立。パクチーを愛する「パクチーボーイ」として発信するレシピが注目を集める。お手軽アジアごはんや、管理栄養士としての知識に基づいた野菜たっぷりのレシピが人気。ＩＴ企業の社員食堂も担当し、日々ヘルシーなランチを提供中。モットーは「料理にやっちゃいけないことはない」。『野菜たっぷり具だくさんの主役スープ１５０』（誠文堂新光社）、『エスニックつまみとごはん』（主婦と生活社）など、著書多数。

https://edajun.com
Instagram　@edajun

1日分350gの野菜で免疫力アップ
毎日食べたいベジおかず

2021年12月15日　初版第1刷発行

著者　エダジュン
発行人　下山明子
発行所　株式会社　小学館
〒101-8001
東京都千代田区一ツ橋2-3-1
☎03・3230・5192（編集）
03・5281・3555（販売）
印刷所　凸版印刷株式会社
製本所　株式会社若林製本工場

ISBN978-4-09-310697-9

STAFF

撮影　キッチンミノル
スタイリスト　洲脇佑美
調理アシスタント　渡邉 遼
まくさとこ
ブックデザイン　鳥沢智沙
(sunshine bird graphic)
校閲　玄冬書林
DTP　昭和ブライト
編集・構成　松田亜子

制作　浦城朋子・斉藤陽子
販売　小菅さやか
宣伝　野中千織
編集　益田史子